tredition®
www.tredition.de

Ante Gune Čulina

Riječi – Worte

Lyrik. Kroatisch – Deutsch

„Die Liebe ist der Endzweck der Weltgeschichte, das Amen des Universums!"

„Ljubav je zadnji cilj svjetske povijesti, Amen svemira!"

Novalis (1772-1801) – deutscher Dichter/ *njemački pjesnik*

Ante Gune Čulina

Riječi – Worte

Lyrik. Kroatisch - Deutsch

Impressum:

Texte: © Copyright by Ante Gune Čulina
Riječi – Worte | Lyrik. Kroatisch – Deutsch, 2. Auflage 2021
Cover- und graphische Gestaltung: Ante Gune Čulina
Coverfoto: Woman-5463938_340 - Pixabay.com
Illustrationen: Karolina Kulier Čulina
Korrektor: Martina Dahmke
Übersetzt von: Ante Gune Čulina
Verlag & Druck: tradition GmbH, Hamburg
Hardcover ISBN: 978-3-347-39733-0
Paperback ISBN: 978-3-347-39732-3
e-Book ISBN: 978-3-347-39734-7

Bibliografische Information der Deutschen Nationalbibliothek:
Die Deutsche Nationalbibliothek verzeichnet diese Publikation in der Deutschen Nationalbibliografie; detaillierte bibliografische Daten sind im Internet über http://dnb.d-nb.de abrufbar.

Riječi - Worte | kratki pregled

Bljeskovi ljubavi 7
Čarolija Majke Prirode 119
Između dva svijeta 135
U početku bijaše riječ 141
Bilješka o autoru 195
Kazalo 200

Riječi - Worte | kurze Übersicht

Blitze der Liebe 7
Zauber der Mutter Natur 119
Zwischen zwei Welten 135
Am Anfang war das Wort 141
Notizen über den Autor 196
Verzeichnis 197

Blitze der Liebe

Bljeskovi ljubavi

Proljetna noć

Bila je mlačna proljetna noć,
tisuće zv'jezda na nebu sjahu,
svoje srebro svuda prosipahu,
imahu neku čudotvornu moć.

U zv'jezdama osut svod beskrajni
mi smo, najdraža, dugo gledali,
u idili noći uživali
blaženstva onog trenutak bajni.

I dok nebo zv'jezde prosipaše,
ti mi, voljena, srce zarobi,
svojom me ljubavlju posve opi.

Te m' se slike u um urezaše,
divne slike, ne zna im se broja,
dok ti bješe prva ljubav moja.

Frühlingsnacht

Es war eine laue Frühlingsnacht,
am Himmel blinkten tausend Sterne,
hernieder strahlten aus der Ferne
mit all ihrer wundersamen Macht.

Zum endlosen Sternenzelt empor,
wir haben, Liebes, lange geschaut,
genossen die Pracht im Arme traut;
beseelt von Liebe wie nie zuvor.

Unterm Himmel voller Sternelein
du nahmst plötzlich mein Herz gefangen,
mit Liebe dein hieltst es umfangen.

All die Bilder ich prägte mir ein,
schöne Bilder – Bilder ohne Zahl;
erste Liebe mein warst du allemal.

Svim čulima svojim

O daj mi da osjetim ljubav tvoju,
da te oćutim svim čulima svojim,
daj da s tobom u plamenu gorim,
da dah tvoj ovije svu dušu moju.

U vatri ljubavi ja bi' da stojim,
da blažena milja u tebi budim,
poljupce tvoje hoću da okusim,
da nebo vidim u očima tvojim.

Žudim da te ćutim u venama svim,
da te volim i da budem voljen,
ljubavlju tvojom da budem zadojen,

da ljubavi žar u tebi raspalim,
da se s tobom izgubim od strasti,
sav rastopim od milja i slasti.

Mit allen Sinnen

O lass mich spüren die Liebe dein,
mit allen Sinnen dich erleben,
will vor Liebe mit dir erbeben,
von deinem Odem umzingelt sein.

In Flammen der Liebe will ich steh'n,
sel'ge Wonnen in dir erwecken,
will deine Küsse fühlen, schmecken;
in deinen Augen den Himmel seh'n.

Ich glühe danach, dich zu spüren,
dich zu lieben, geliebt zu werden,
den Himmel haben auf der Erden.

Will deines Feuers Gluten schüren,
vom Glücke trunken überfließen,
vor Lieb' und Lust mit dir zerfließen.

Nema povratka

Ti si me nježno gledala
sa svoja dva oka snena,
očima svojim me okovala
iz kojih povratka nema.

Imah osjećaj da lebdim
u svijetu divnih snova,
što me blaženo oviše,
daleko od jave zova.

Kein Zurück

Du sahst mich zärtlich an,
mit jenem süßen Blick,
zogst mich in deinen Bann,
und es gab kein Zurück.

Mir war, als schwebte ich
in einem schönen Traum,
der mich selig umfing;
fern von Zeit und Raum.

Satkana od ljubavi

Ti si meni ljubav dopeljala.
ljubav za te u men' izazvala.

Sad danju-noću u meni ruješ,
svojom me ljubavlju usrećuješ.

Poput sunca što s neba sije,
tvoja ljubav moju dušu grije.

No još ljepše od sunca u sjaju
tvoje mi, dušo, oči blistaju.

Ti si anđ'o od ljubavi satkan,
što me obl'jeće iz dana u dan,

dok mi srce skroz za tobom ludi,
od ljubavi skakuće u grudi,

jer te volim cijelim bićem svojim,
dan za danom, sve dok postojim.

Volim te, volim za sva vremena
daškom vječnosti trenutka snena.

Aus Liebe gewebt

Du hast mir die Liebe gebracht,
Liebe für dich in mir entfacht.

Nun denk' ich dein bei Tag und Nacht,
denn nichts wie du mich selig macht.

Wie wohlgesinnter Sonne Schein
du wärmst zärtlich die Seele mein.

Doch schöner als der Sonnenschein
strahlen, Liebste, die Augen dein.

Bist mein Eng'l aus Liebe gewebt,
der Tag für Tag mich treu umschwebt,

währ'nd das Herze in meiner Brust
hüpft und hämmert vor Lieb' und Lust,

denn ganz und gar ich liebe dich
von Tag zu Tag, ja ewiglich.

Ich hab' dich lieb für alle Zeit
mit einem Hauch von Ewigkeit.

Morem snova

Pogled moje drage
čežnjom me miluje,
hvata misli moje,
sveg me ushićuje.

Svoje oči plave
utapa u moje,
dok blaženstva more
natapa nas dvoje.

Morem snova tako
u duetu plovimo,
zaljubljeni, zagrljeni
ludo se volimo.

Durchs Meer der Träume

Blicke meiner Liebsten
sehnlich mich liebkosen,
meine Gedanken lesen,
fesselnd mich umtosen.

Ihre himmlisch Augen
sie versenkt in meine,
während die Seligkeit
durchflutet uns beide.

Durchs Meer der Träume
wir fahren beglückt,
umarmt und verliebt,
nacheinander verrückt.

Poljubac

Žeđam, žeđam za poljupcem, draga,
za poljupcem tvojih vrelih usana,
danju-noću, u svako doba dana,
tvoj me poljubac s nogu obara.

O kojeg milja, koje li miline
svoje oči u tvoje utopiti,
poglede tvoje kao nektar piti,
ljubit usne vrele od topline.

Stoga pusti da te grlim, ljubim,
da ljubavi žar i budim i točim,
poljupcima svojim da te optočim,

u poljupcu tvome da se izgubim,
da nam vrijeme ljubeći se stane,
da budemo jedno, da nas nestane.

Der Kuss

Ich sehne mich so nach einem Kuss,
nach einem Kuss von deinem Munde,
bei Tag und Nacht, zu jeder Stunde
ist dein Kuss der Ewigkeit Genuss.

O welche Wonne, welch ein Segen
in deinen Anblick tief versinken,
deine Blicke wie Nektar trinken,
auf deinen Mund den meinen legen.

Drum lass mich in die Arme sinken,
der Liebe Glut nähren und wecken,
mit meinen Küssen dich bedecken.

In deinem Kuss lass mich ertrinken,
auf dass dabei die Zeit bleibt steh'n,
wir in eins verschmelzen und vergeh'n.

Na prvi pogled

U okice tvoje
kada pogledah,
ja nebu bliže
nikad ne bijah.

Na prvi pogled
ljubav se rodi,
Amor nas oboj'
str'jelom pogodi.

Auf den ersten Blick

Als ich in deine
Äugelein sah,
war ich dem Himmel
noch nie so nah.

Es war die Liebe
auf den ersten Blick;
vor Amors Pfeil
gab es kein Zurück.

U mirisu proljeća

Majsko sunce sja s neba čista,
lahori se nježni svuda roje,
dok prirodom šećemo nas dvoje
gdje proljeće u svem sjaju blista.

Svukuda se novi život budi,
u zelan se Gaja zaodjela,
dok tihano Filomela pjeva,
srce svako raznježi u grudi.

U mirisu što posvuda cvjeta
sav kraj blista u obilju svom,
a nas dvoje u poljupcu prvom;
nevinom kao molitva sveta.

Im Lenzgeruch

Die Maisonne vom Himmel lacht,
ringsumher milde Lüfte weh'n,
durch Wald und Flur wir beide geh'n,
wo alles blüht in voller Pracht.

Weit und breit das Leben sich regt,
grünes Gewand die Natur trägt,
während leis' die Nachtigall schlägt,
ein jedes Herz zutiefst bewegt.

Im Lenzgeruch, der uns umweht,
die Erde schwelgt im Überfluss,
und wir beide im ersten Kuss;
unschuldig wie heilig Gebet.

Ti

Ti si tako mila,
dražesna i l'jepa,
za oči si praznik,
sunce moga sv'jeta.

Ti si ljubav moja,
jedan dio mene,
što upozna ništa
do studen bez tebe.

Du

Du bist so gütig,
anmutig und schön,
du bist die Augenweide;
so schön anzusehen.

Du bist meine Liebe,
ein Teil meiner selbst,
ohne dich ich kannte
nur Winter und Herbst.

Ti si čežnja

Jedina moja, moj cv'jete dragi,
ti si sve što duša moja treba,
dio mene, dio moga neba,
ljubav nježna kao lahor blagi.

Oko tvoje k'o sjena me prati
i u meni žarku ljubav budi,
dok udišem miris tvoje puti,
sluteć' milje koje ćeš mi dati.

Ti si čežnja što u meni gori,
vatra što mojim venama teče,
gdje sve žari od milja i sreće,

gdje si trag u svakoj mojoj pori,
nebo, sunce i sjaj oka moga,
sebedarje svemoćnoga Boga.

Du bist die Sehnsucht

Allerliebste, du Blume holder Art,
du bist alles, wonach ich mich sehn',
ein Teil von mir, mein Wohlergeh'n;
meine Liebe, wie Meeresbrise zart.

Wie'n Schatten, du folgst mir allezeit,
weckst aufs Neue die Liebe in mir,
während ich dich atme und verspür',
ahnend Stunden voller Seligkeit.

Du bist die Sehnsucht im Herze mein,
die Glut, die in meinen Adern fließt,
wo alles vor Wonne überfließt,

wo du wohnst in jeder Faser mein,
du mein Himmel, meiner Augen Schein,
Gottes Liebe und Hingabe rein.

Noć je

Noć je,
u postelji ležim,
na tebe mislim
i ove noći,
za tobom žudeć
u samoći.

Gdje god da si,
na umu te imam;
čeznem za tobom,
za tvojom toplinom,
za tvojim dodirima,
za tvojom ljubavlju
što me omamljuje,
sve vatre zapaljuje.

I opet mi, eto,
pred duhovnim
okom lebdiš,
svojim mi dahom
ćutila zapljuskuješ,
glas tvoj
oko mene šumori,
miris tvoj me opaja,
i dok me gledaš,
ćutim ništa
do blaženu sreću
i ljubav goreću.

Es ist Nacht

Es ist Nacht
und ich liege wach,
denke dein, vermisse dich,
vertreibe die Zeit
mit der Einsamkeit.

Bin in Gedanken
immer bei dir;
wo du auch sein magst,
ich sehne mich nach dir,
nach deiner Wärme,
nach deinen Berührungen,
nach deiner Liebe, die mich fesselt,
berauscht, betört, selig macht
und alle Feuer in mir entfacht.

Und schon wieder
schwebst du mir
im Geiste vor,
und dein Odem
umweht meine Sinne,
deine Stimme umsäuselt mich,
dein Duft betört mich,
du schaust mich an
und ich fühle
in deinem Blick
nichts als Liebe
und seliges Glück.

I opet žeđam
za tvojom ljubavlju,
onom pravom,
za tvojim usnama vrelim,
za tvojim ustima medenim,
tvojim poljupcima,
nježnim, požudnim,
za toplinom
i mirisom tvoje kože,
za tvojom blizinom
što vatru razgara,
s nogu me obara.

O trenuci
blaženstva i sreće,
puni ljubavi i predanosti,
što nas kroz vrijeme i prostor
blaženo nose,
da se trenu - u toj sreći -
„Ne prođi!", može reći.

O slatko utonuće,
o stapanje u jedno,
u vrtlogu čula,
u opijenosti ljubavlju,
u jednoti kao jedan dah,
kao jedno kucanje srca,
kao jedna duša i tijelo,
kao jedno biće,
sazdano od ljubavi

Und mich verlangt es
nach deiner Liebe,
der wahren,
nach deinen zarten Lippen,
dem honigsüßen Mund,
nach deinem Kuss,
dem zärtlichen,
wilden, begehrenden,
nach dem Duft und Wärme
deiner Haut,
nach deiner Nähe,
die mich umhaut.

O Momente
der Seligkeit
voller Liebe und Hingabe,
die uns selig
durch Raum und Zeit tragen,
auf dass man „Oh Augenblick
verweile doch ..." kann sagen.

O das süße Versenken,
das Zusammenschmelzen
im Taumel der Sinne,
im Rausch der Gefühle,
in der Einswerdung
als ein Atem, ein Herzschlag,
ein Leib und eine Seele,
als ein Wesen aus Du und Ich,
gewebt aus Liebe,

od ljubavi
kojom osjećam
toplinu
i prisustvo tvoje,
tonući u blažen san,
kako bih
u zemlji snova
u punoj mjeri
s tobom bio,
tebe, draga, osjetio,
kao jošte nikad prije
punu čara i magije,
ćuteć' našu ljubav snenu;
kao vječnost neizmjernu.

die mich lässt deine Wärme fühlen,
deine Anwesenheit spüren,
auf dass ich selig
in den Schlaf sinke,
um im Land der Träume
bei dir zu sein,
um im vollen Maße
dich zu fühlen,
deine Magie
zu verspüren,
beseelt von Liebe
und Seligkeit;
unendlich wie die
Ewigkeit.

Poljupci njeni

Gle, kako se tiho noć spušta,
a mene draga žudno ljubi,
kako mi srce za njom ludi,
dok mi se ona sva prepušta.

Poljupci njeni, slatki, vreli,
ljubavi plam u meni bude,
dok ponirem u strasti lude
što baš sve pale u meni.

Iskrica svaka plamen biva
i prožima sve pore moje,
kad nam se usne ovlaš spoje.

I dok se vatra u grudi sli'va,
k'o jedno biće bivamo mi
u jednoti naše ljubavi.

Ihre Küsse

O siehe, wie leise sinkt die Nacht
und heiße Küsse mir Liebste gibt,
wie das Herze mein nach ihr verlangt,
während sie mich voll Hingabe liebt.

Ihrer Küsse honigsüßer Brand
entfesselt die Liebe in meiner Brust,
wo sich treffen Leidenschaft und Lust,
die mir rauben den letzten Verstand.

Und jeder Funke wird zur Flamme,
die lodert empor im Herzensgrund
bei jeder Berührung Mund an Mund.

Und während die Glut schwellt die Brust
und Seele in Seele sich ergießt,
das Ich mit dem Du in Eins zerfließt.

Na usamljenu žalu

Grimizno sunce tiho je tonulo
k'o žar-kugla na horizontu sjalo,
svoje zrake po moru prosipalo,
dok smo nas dvoje hodali žalom.

I kad se dan u crven prel'jevao,
mi smo sjedili na usamljenu žalu,
motreći more u rujnome plamu,
čiji nas je lahor nježno milovao.

A kad je sunce u moru nestalo
i sutona smiraj na zemlju pao,
u naručju svom tebe sam zibao.

I dok je zvjezdana noć treperila,
k'o u nekom snu mi smo ljubav pili,
bez uza vremena kao jedno bili.

Am einsamen Strand

Rotglühende Sonne sank leise ins Meer,
wie ein Feuerball am Horizont glühte,
ihre Strahlen über das Meer versprühte,
als wir wandelten am Gestade umher.

Und währ'nd der Tag ins Abendrot tauchte,
am einsamen Strand wir ruhten uns aus,
auf das flammende Meer blickten hinaus,
dess'n leichte Brise uns sanft umhauchte.

Und als die Sonne in den Fluten schwand
und die Abenddämmerung brach herein,
in meinen Armen ich wiegte dich fein.

Es flimmerte alsdann sternklare Nacht,
wir hatt'n uns lieb wie in seligem Traum,
sprengend die Fesseln von Zeit und Raum.

Tvoji pogledi

Daj da gledim u tvoje oči,
u dušu tvoju da se slijem,
pa da iz nje do kraja noći
ljubavi tvoje nektar pijem.

Nikad me ništa ne očara
k'o tvoji pogledi nevini,
pogledi topli, puni čara
što iskonski žive u meni.

Zato želim uza te biti,
grliti tvoje tijelo sneno,
žar tvoje čežnje osjetiti,
od ljubavi se topiti, ženo.

Jer ti si ljubav mog života,
k'o med slatka u mojoj javi,
što od početka bje i osta'
na zemlji ovoj raj mi pravi.

Za Tinu, Lübeck, 05.07.2021.

Deine Blicke

Lass mich in die Augen schauen,
tief in deine Seele sinken,
bis tief in den Morgengrauen
deiner Liebe Nektar trinken.

Nichts wie deine Blicke warm
hat mich jemals so bezaubert,
mit all ihrer Unschuld, Charme
von Anfang an so verzaubert.

Drum will deine Nähe spüren,
dich in meine Arme schließen,
deiner Sehnsucht Gluten fühlen,
ganz vor Liebe überfließen.

Denn du bist große Liebe mein,
tief in mir wie Honig süß,
die war und bleibt von vornherein
das einzig wahre Paradies.

Für Tina, Lübeck, 05.07.2021.

Čežnja

Sad u meni čežnja gori
i u mome srcu žari,
gdje za tebe ljubav cvate,
ti nebeska zv'jezdo moja.

Očiju tvojih sladak sjaj
k'o magnet me vuče tebi,
vazda si mi na pameti
ljupka, mila od iskona.

O ti si topla sunca sjaj,
mog neba zv'jezda najdraža,
što na zemlju blistavo sja.

Ti si moj dah, moj bitak sav,
anđ'o čuvar svake noći,
kad mi sanak sklopi oči.

Sehnsucht

Nun die Sehnsucht in mir brennt
und in meinem Herze glüht,
wo die Liebe für dich blüht,
du mein Stern am Firmament.

Deiner Augen süßer Schein
zieht mich immer zu dir hin,
du liegst ewig mir im Sinn;
anmutsvoll von Anbeginn.

Du bist warmer Sonnenschein,
meines Himmels liebster Stern,
herab strahlend aus der Fern'.

Bist mein Atem, all mein Sein,
schöner Engel auf der Wacht,
wenn ich ruhe in der Nacht.

Proljeće na Baltičkom žalu

Na Baltiku proljeće je bilo
sunce j' sjalo, a žuka je cvala,
dok nas dvoje sjeđasmo u dini
do ušiju friško zaljubljeni.
Vjetar svježi puhaše,
krupne vale tjeraše
što šumahu, tutnjahu,
žal zapljuskivahu
i tragove stopa
po njemu zatirahu.

I tad najednom
s jezom ugledasmo
kako jedna djeva
u ledeno more
Baltika skoči,
no i munjevito
iz njega iskoči
i drhteći na žal otrči.

Po prizoru onom
što nas jedno uz drugo
još čvršće stisnu,
mi se pogledom
milovasmo,
jedno drugo
upijasmo
i ljubljasmo

Frühling am Ostsee-Strand

Es war Frühling am Ostsee-Strand,
Ginster blühte und die Sonne schien,
wir beide saßen im Dünensand
total verliebt und Hand in Hand.
Frische Brise sie wehte umher,
trieb große Wellen vor sich her,
die rauschten, brausten
und klatschten an den Strand,
stets verwischend
die Spuren im Sand.

Und dann plötzlich
mit Schaudern wir sahen,
wie sich eine Badenixe
in die kalten Fluten stürzte,
aber auch blitzschnell
aus ihnen verschwand
und vor Kälte
zitterte am Strand.

Nach jenem Anblick,
der uns noch fester
aneinanderpresste,
wir liebkosten uns
mit den Blicken,
umarmten
und küssten einander
erst zärtlich und mild

isprva željno i nježno
a onda strastveno pretežno.

Tad se pogledasmo kao nikad prije
i ja potonuh u tvom pogledu,
u bujici ljubavi i sreće,
i onda se grljasmo,
i ćućasmo,
jedno u drugom
gubljasmo i nađosmo,
bijasmo si bliže nego blizu;
izgarasmo
jedno zu drugim
tonući u sljedeći poljubac
koji bijaše još vatreniji,
još čeznutljiviji,
pa s tobom
k'o u snu lebđah,
van prostora
i vremena bijah.

Nakon one nježnosti
i pri svim osjetilima,
iznova osjećah
lakoću bitka.
I tako
uza te priljubljen
osluškivah opet krik galeba,
šum valova,
što žal zapljuskivahu,

dann leidenschaftlich
und wild.

Dann sahen wir uns an wie nie zuvor,
und ich versank in deinem Blick,
in einer Flut von Liebe und Glück,
und wir spürten,
umschlangen
und rochen einander,
verloren und fanden uns
ineinander,
waren uns näher als nah;
denn wir brannten nacheinander
und versanken im nächsten Kuss,
der noch leidenschaftlicher,
noch sehnsuchtsvoller war,
sodass ich schwebte
wie in einem Traum,
losgelöst
von Zeit und Raum.

Nach jenen Zärtlichkeiten
und bei allen Sinnen
spürte ich wieder
die Leichtigkeit des Seins,
selig und aneinandergeschmiegt
hörte ich wieder
das Kreischen der Möwen,
lauschte dem Rauschen der Wellen,
die den Strand umspülten,

mirisah svježi miris
soli i mora,
ćuteći
kako svjež povjetarac
moje lice, a sunce
moju dušu milovaše,
dok uživah čak
i u pijesku pod nogama.

Gledah kako se brodice
s razapetim jedrima
na valovima zibahu
kako grdosije od brodova
u luku uplovljavahu
i iz nje isplovljivahu,
kako sunce u more tonjaše,
poput vatrene lopte žaraše
kako polako noć padaše,
dok na žalu ležasmo,
a mjesec i zvijezde
stražu čuvahu,
dok uživasmo
u blaženstvu i sreći
na krilima ljubavi
jedno drugo noseći,
ljubavi one
što još uvijek traje;
čija spona brine
da nikad ne prestaje.

roch den frischen Geruch
von Salz und Meer,
spürte wie frische Brise
mein Gesicht
und die Sonne
meine Seele streichelte,
genießend sogar
den Sand unter den Füßen.

Ich sah, wie die Boote
mit geblähten Segeln
in wogenden Wellen schaukelten,
wie die Riesen der Meere
aufs Meer hinaus
und in den Hafen hineinfuhren,
wie rote Sonne sank ins Meer
und zum Abschied wie ein Feuerball glühte,
wie bald die Nacht brach herein
und wir lagen am Strand allein,
wie Mond und Sterne in der Nacht
für uns standen auf der Wacht,
während wir schwelgten
in Seligkeit,
einander tragend
himmelweit
auf den Flügeln der Liebe,
die noch immer währt;
deren Band uns eint
und zusammenhält.

U zagrljaju tvom

U zagrljaju tvom

udahnuh
dašak vječnosti,

zaboravih
vrijeme i prostor,

oćutjeh
bezvremenost;

u zagrljaju tvom.

In deiner Umarmung

In deiner Umarmung

atmete ich den Hauch
von Ewigkeit ein,

vergaß Zeit und Raum,

fühlte
die Zeitlosigkeit;

in deiner Umarmung.

U snovima i na javi

Ti si sunce moga neba,
sva milina, što mi treba.

U snovima i na javi,
stalno si mi ti u glavi.

U me ti si udomljena,
od iskona nastanjena,

da moj život smis'o ima,
sve dok jesam, ti jedina.

Ob ich wache oder träume

Du bist meines Himmels Sonne,
meine Freude, meine Wonne.

Ob ich wache oder träume,
du füllst meines Herzens Räume.

Ich trage dich in Herz und Sinn,
von Anfang an, wo ich auch bin,

auf dass mein Leben hat 'nen Sinn,
solange ich auf Erden bin.

Kao zvijezda i nebo

Ljetni dan bješe na izmaku svom,
u zalazu sunca more sjaše,
poput zlatna klasja se njihaše,
šumeći tiho u spokoju svom.

I kad Helios odjednom nestade
i u zlaćano more potonu,
jedno uz drugo mi se privismo
na žalu pod srebrom mjesečine.

U oazi mira i spokoja
upijasmo šapat noćne tišine
pod svjetlom zv'jezda i mjesečine,

dok smo gledeć čaroliju noći
žudno se željeli, šutke ljubili;
k'o zvijezda i nebo jedno bili.

Wie Himmel und Stern

Es ging der Tag seinem Ende zu,
in letzten Strahlen glänzte das Meer,
wie ein Kornfeld wogte hin und her,
rauschend leise in friedlicher Ruh'.

Und als der Helios ganz verschwand
und ins Abendgold der Flut versank,
wir saßen gemeinsam Wang' an Wang'
am silberbestreuten Meeresstrand.

In der Oase seliger Ruh'
wir zwei lauschten in die Nacht hinein,
genießend den Stern- und Mondenschein.

Dem himmlischen Zauber sehend zu
uns schweigend küssten und hatten gern,
waren beide wie Himmel und Stern.

Naša ljubav

Ti mi, draga, uzimaš dah
i sve daješ u isti mah.

Za te rime slažem, nižem,
stihove ti nježne pišem.

No ipak ti moram reći
da ponekad nemam r'ječi.

Što si za me, kako reći,
kad mi za to fale r'ječi,

kad za pravu ljubav našu
nema r'ječi koje pašu.

Ljubav prava buja n'jema;
za nju čovjek r'ječi nema.

Unsre Liebe

Liebes, du raubst den Atem mir
und zugleich gibst alles von dir.

Ja für dich ich Verse schmiede,
zärtlich Reime fabuliere.

Doch behalte auch im Sinn,
dass ich manchmal wortlos bin.

Was du für mich, wie erzählen,
wenn mir dafür Worte fehlen,

wenn sich Liebe dieser Art
im Unsagbaren offenbart,

denn für Liebe wahrer Sorte
gibt es wahrlich keine Worte.

Najdražoj

Srce moje samo za te bije,
za tobom ludo gori od sreće,
ti biseru što u meni sije,
tamo sijat nikad prestat neće.

O, ti si moje svjetlo u tami,
prvo sunce što mi jutrom grane,
ljubav koja moju dušu hrani,
pa ako i svijeta nestane.

Za sva blaga ovoga svijeta
srce, dušo, tebe ne bi dalo,
ti zv'jezdo moja, molitvo sveta,
za kojom čeznem svako malo.

An die Liebste

Es schlägt mein Herz für dich allein,
brennt nach dir, wie von Sinnen stet,
du mein Juwel im Herzensschrein,
das ewig glänzt und nie vergeht.

Du bist mein Licht in dunkler Nacht,
der Morgenschein am Himmelszelt,
Liebe, die eint, und selig macht,
auch wenn die Welt zusammenfällt.

Um alle Schätze in der Welt,
ich gäb' dich, Liebes, niemals her,
du mein Stern, mein heilig Gebet,
nach der mein Herz sich sehnet sehr.

Moja ljubav

Ti si ljubav moja,
žar i strast u meni,
moja vječna čežnja,
što me vuče tebi.

I moje si nebo,
sunce i milina,
bez tebe bih bio
Dioniz bez vina.

Meine Liebe

Du bist meine Liebe
und die Glut in mir,
meine ew'ge Sehnsucht,
die mich zieht zu dir.

Ja, bist mein Himmel,
Wonn' und Sonnenschein,
ohne dich ich ich wär'
Bacchus ohne Wein.

Strijele ljubavi

Zemljom je svuda ljeto vladalo,
more je svoju pjesan šumilo,
sitne vale tihano zibalo,
usamljeni žal nježno ljubilo.

U pijesku toplom ležasmo mi,
kad je tvoja ruka moju uzela,
kad si me ljubeć', divlje i nježno,
gotovo do ludila dovodila ti.

„Ja te volim", tad si izustila,
gledajuć' me puna sreće bome,
zarobljena u pogledu mome.

Str'jela ljubavi i mene zgodi,
zgodi uho, zgodi srce moje,
koje odmah postade i tvoje.

Liebespfeile

Es lag der Sommer überm Land,
das Meer rauschte seine Weise,
leichte Wellen rollten leise,
küssten sanft den einsamen Strand.

Wir zwei lagen im warmen Sand,
als deine Hand die meine nahm,
als deine Küsse, wild und zahm,
mich brachten fast um den Verstand.

Dann sagtest du: "Ich liebe dich",
und sahst mich an voll Lieb' und Glück,
versunken tief in meinem Blick.

Liebespfeile trafen auch mich,
trafen mein Herz, trafen mein Ohr,
bis ich mich ganz an dich verlor.

Duša duše moje

O ti dušo duše moje,
ti si čežnja moga sv'jeta,
slatka pjesma Filomele,
kad proljeće svud procvjeta.

Očiju tvojih sneni sjaj
mazi me k'o dašak mio,
donoseć' mi onaj raj
kog sam nekoć izgubio,

da blaženstvo ljubavi
u svoj punini slasti,
poput daška vječnosti
na grud mi može pasti.

Seele meiner Seele

O du Seele meiner Seele,
du bist Sehnsucht meiner Träume,
das süße Lied der Philomele,
wenn rings blühen Busch und Bäume.

Deine Blicke, sanft und süß,
wie milder Hauch mich umfloren,
zaubern mir das Paradies,
das mir einmal ging verloren,

auf dass der Liebe Seligkeit,
voller Wonne und Erdenlust,
mit einem Hauch von Ewigkeit
aufs Neu' erfüllt die sehnend Brust.

Čeznutljivi trenuci

Pogledi naši kad se sudare,
ugodni žmarci mene prolaze.

U vatri ljubavi tada stojim,
od čežnje lude za tobom gorim,

jer blista ljubav u pogledu tvom,
što povrati osmijeh licu mom,

da nam vr'jeme bude bogomdano;
jedno drugo kad god pogledamo.

Sehnsuchtsvolle Augenblicke

Wohlige Schauer sie durchfluten mich,
wenn unsere Blicke nur streifen sich.

Flammen der Liebe sie lodern in mir,
vor lauter Sehnsucht ich vergeh' nach dir,

denn in deinem Blick, da funkelt das Glück,
Liebe, die mir gab, mein Lächeln zurück,

auf dass die Zeit, scheint still zu steh'n;
wenn wir einander in die Augen seh'n.

Povedi me

Povedi me, mila,
do zv'jezda povedi,
podari mi krila,
moj anđele sneni.

K'o Danica nebom
da mi duša sine,
da poleti s tobom
nebu u visine.

Nek nas ljubav nosi,
kao rijeka teče;
od ljubavi, draga,
ništa nije veće.

Nimm mich

Nimm mich, Allerliebste,
zu den Sternen empor
verleih' mir die Flügel
wie noch niemals zuvor,

auf dass die Seele
wie Morgenstern erwacht,
mit dir steigt hinauf
aus der dunklen Nacht.

Soll die Liebe fließen,
wie ein Fluss uns tragen;
nur die Liebe, Liebste,
kann alles überragen.

Nježno, nježno...

Noć je ljetna, topla, blaga,
moja draga slatko sniva,
uza me se nježno svila
tu i tamo polu-naga.

I dok ona sanak sniva
ljubim lice joj od žara;
nježno, nježno, ona spava,
u mom krilu otpočiva.

Ona u snu, ja na javi
vrtim slike naše noći,
vrele kao njene oči,

slike sreće i ljubavi,
što će vječno u men' sjati;
sve dok budem postojati.

Zärtlich, zärtlich ...

Es ist warme Sommernacht,
und die Liebste sie träumt süß,
hat sich nah an mich geschmiegt,
mal verhüllt, mal halb-nackt.

Während sie so selig träumt,
ich küss' ihrer Wangen Glut;
zärtlich, zärtlich, sie noch ruht,
vom Atem mein sanft umsäumt.

Ja sie träumt und ich bin wach,
ruf' die Nacht ins Bewusstsein,
warm wie ihre Äugelein,

die Nacht voller Lieb' und Glück,
die wie strahlend Sonnenschein
wird stets glüh'n im Herze mein.

Samo jednom još

U naručju tvojem
pusti me da snijem,
med usana tvojih
još jedanput pijem,

da još jednom duša
raste u visine,
zadnji put k'o sunce
prodre iz dubine.

Nur einmal noch

O lass mich einmal noch
in deine Arme sinken,
deiner Lippen Nektar
nur noch einmal trinken,

auf dass zum Abschied
die Seele steigt empor,
wie holde Sonne bricht
aus der Tiefe hervor.

Dvije zvijezde

Poput zv'jede dvije
sjaje tvoje oči,
do njihova dna
eh, da mi je doći,

da oćutiš, draga,
ljubav srca moga,
da postanem vječno
dio bića tvoga.

Zwei Sterne

Wie zwei Sterne hell
glänzen die Augen dein,
ich wollte, ich könnte
auf ihrem Grund sein,

auf dass du spürst
all die Liebe mein,
auf dass ich, Liebste,
für alle Zeit dein.

Noćne misli

Noć je ljetna, zv'jezde sjaju
nebom trepću k'o dukati,
o divote za gledati
raskošnost u punom sjaju.

No još ljepša od tog sjaja
jedino je draga moja,
kad me sa dva oka svoja
nježno mazi i osvaja,

kad ju dišem i mirišem,
njene usne kada diram,
na mojima kad ih imam,

kad dozivlje ime moje
i oćutim ono milje,
naše sreće izobilje.

Nachtgedanken

Es ist warme Sommernacht,
und die Sterne funkeln schön.
O wie herrlich anzuseh'n
ihren Glanz in voller Pracht!

Doch viel schöner als die Pracht
ist allein die Liebste mein,
wenn mich ihrer Augen Schein
liebkost wieder zart und sacht,

wenn ich atme ihren Duft,
ihre Lippen sanft berühre
und sie auf den meinen spüre,

wenn sie meinen Namen ruft
und ich fühle jenes Glück,
das mit ihr kam zurück.

Nadaleko i naširoko

Proljeće je na svakom koraku,
sunce zlatno opet moćno grije,
bujno cvatu nježne magnolije
sladak miris šireći po zraku.

Poj slavuja u nebo se vije,
blagi dašci miomiris nose,
vrba raspliće zelene kose,
nad jezercem pramenove mije.

Svuda nešto i cvate i raste,
majka Zemlja svud' dječicu rađa,
carstva smrti skroz se oslobađa.

I dok nebom vješto lete laste,
u mislima ljubim, draga, tebe,
grlim svemir i sve oko sebe.

Weit und breit

Weit und breit hängt Frühling in der Luft,
goldne Sonne sie wärmt das Gemüte,
Magnolie steht in voller Blüte,
ringsumher verströmt ihren süßen Duft.

Der Nachtigall Lieder steigen empor,
Wohlgerüche weh'n vom See herauf,
Trauerweide ihr Haar knotet auf,
am Teich benetzt ihren Frühlingsflor.

Die Natur erwacht, wo man geht und steht,
Mutter-Gaia gebiert ihre Kinder,
vom Reich des Todes sich befreit wieder.

Und währ'nd die Schwalbe ihre Rund'n dreht,
in Gedanken, Liebste, ich liebe dich sehr,
umarme die Welt und alles um mich her.

Oči njene

Opiše me oči njene,
oči plave, oči snene.

Oči kao zv'jezde dvije,
pune čara i magije.

Slatke tajne one kriju,
bude moju fantaziju.

I po danu, i po noći,
vazda snivam njene oči.

Za njih vazda sve bih dao,
okusio i pakao;

jer ja volim oči njene;
oči plave, oči snene.

Ihre Augen

Ihrer Augen Himmelsschein
mir raubte alle Sinne mein.

Augen wie zwei Sterne klar;
voller Anmut, wunderbar.

Süß Geheimnis sie verdecken,
Sehnsucht nach ihr in mir wecken.

Immer wieder, nach wie vor
ihre Aug'n mir schweben vor.

Für jene zwei Sternlein hell
ich würd' kosten selbst die Höll',

denn ich liebe ihre Augen,
die mir alle Sinne rauben.

Kao nikad prije

Ljubi me, dušo, ljubi,
ljubi me strasti žarom,
puni mi dušu miljem
svoje ljubavi plamom.

Budimo vatra živa,
gorimo ognjem strasti,
nek se u vene sli'va
more milja i slasti,

da te dišem, osjetim
kao nikad prije,
da nas vatra ljubavi
sve do zv'jezda vije.

Wie niemals zuvor

Lieb mich Allerliebste
mit Glut der Leidenschaft,
füll' mein Herz mit Wonne,
die nur die Liebe schafft.

Will mit dir im Feuer,
im Liebesfeuer steh'n,
in Wonne zerfließen,
vor Seligkeit vergeh'n.

Will dich atmen, spüren,
wie noch niemals zuvor,
ja mit dir entschweben
zu den Sternen empor.

Venera

Sunce ljetno u zenitu je bilo
galebova jata nebom su kružila,
dok su vali morski tiho šumjeli,
usamljen žal oplakujući nježno.

Pogledom šetah po pučini plavoj,
što na suncu sjaše i blistaše,
morski lahor lice mi milovaše
raznoseći svuda svježi miris svoj.

I tad mi pogled na tebi zastade,
na putenom i nježnom liku tvom
što me opčini svojom magijom.

K'o Venera što na školjci izroni
iz pjene morske ti se isto vinu,
kao ona zračeć milje i milinu.

Venus

Die Sommersonne im Zenite stand,
'ne Schar von Möwen zog ihre Kreise,
während die Wellen plätscherten leise,
umspülend sanft den einsamen Strand.

Ich schaute hinaus auf das weite Meer,
das glänzte und strahlte im Sonnenlicht,
leichte Brise liebkoste mein Gesicht,
den frischen Meeresduft wehte umher.

Und dann meine Blicke nur auf dir ruht'n,
auf deiner Gestalt so sinnlich und fein,
die mich saugte in ihren Bann hinein.

Wie *Schaumgebor'ne*, die entstieg den Flut'n,
aus dem Wellenschaum stiegst auch du empor,
kamst mir wie die Venus voller Anmut vor.

U vrtlogu strasti

U meni draga želje budi,
svojim me pogledom miluje,
od ljubavi što nas oplakuje
u obilju sreće brodimo mi.

Ona me nježno ljubi, mazi,
plamen čežnje u meni pali,
dok žale ližu morski vali,
a mjesec žut stoji na straži.

U vrtlogu uz'vrele strasti
s njom gorim od vatre žara;
od milja što s nogu obara.

I tako ploveć morem slasti,
od ognja među nama buktim,
u jednoti s njom se ćutim.

Im Strudel der Leidenschaft

Allerliebste weckt Lust in mir
mit ihren Blicken mich liebkost,
vor der Liebe, die uns umtost,
in lauter Wonne wandeln wir.

Sie umarmt und küsst mich sacht,
der Sehnsucht Feuer in mir weckt,
während die Welle am Strand leckt,
und gelbe Luna hält die Wacht.

Im Strud'l der Liebe und Begehr
ich brenn' mit ihr vor lodernd Lust,
vor all der Wonn' in meiner Brust.

Und so gleit' ich im Wonnemeer,
nichts als Glut der Liebe spüre,
mit der Liebsten mich eins fühle.

Retrospekcija

Ti si me ljupko gledala
i ja sam očaran bio,
apsolutno lud za tobom
u te sam se zaljubio.

Očima tvojim zarobljen
zaboravih i sam sebe,
kao opit, van vremena,
ludo, draga, žuđah tebe.

Otad mnogo ljeto minu
no istim te žarom volim,
u obilju naše sreće
još i sada sretno brodim.

K'o u letu vr'jeme prođe,
zub vremena svemu pr'jeti;
ali ljubav moja za te
nikad ne će izumrijeti.

Rückschau

Du sahst mich liebevoll an
und da war's um mich gescheh'n,
ich schwebte in deinem Bann
und wollte nach dir vergeh'n.

Gefesselt von deinem Blick,
ich vergaß alles um mich,
wie berauscht, der Welt entrückt,
ich glühte, brannte für dich.

Gar nach langer Zweisamkeit
ist mein Herze voller Glut,
es schwelgt noch in Seligkeit;
unsrer Liebe höchstem Gut.

Wie im Flug die Zeit vergeht,
alles wird vergänglich sein,
nur die Liebe zu dir, Liebste,
wird ewig blüh'n im Herze mein.

Tvoja sjena

Tebe ljubljah, draga moja,
bila si mi k'o ikona,
no sad tebe više nema
govore i crkve zvona.

Vječni mir je tebe uz'o
novo vr'jeme eto dođe,
al' ostade tvoja sjena
u ljubavi što sad glođe.

Dein Schatten

Ich liebte dich zweifelsohne,
du warst für mich die Ikone,
nun bist du dahingeschieden
Todesglocken es verkünden.

Es nahm dich die ewige Ruh,
bleierne Zeit kam auf mich zu,
denn weit hinaus dein Schatt'n ragt
in der Liebe, die an mir nagt.

Stara pjesma

Suze gorke zbog tebe sam lio,
kad te vječnost uze kobna dana,
sve što osta', jedna j' pjesma stara,
što nas ovdje još i danas spaja.

Kad god ona melodija snena
u bolno se srce moje sl'jeva,
učini m' se tvoj glas kanda čujem,
što mi nježno staru pjesmu pjeva.

Das alte Lied

Bittere Tränen hab' ich geweint,
als der Tod uns voneinander schied,
alles, was blieb, ist ein altes Lied,
das hienieden uns noch immer eint.

Wann auch immer jene Melodie
in meinem wehen Herze erklingt,
mir ist, als hört' ich deine Stimme,
die mir zärtlich jene Weise singt.

Bez tebe

Tuga, bol i sjeta
pratilje su moje,
otkad vječno ostah
bez ljubavi tvoje.

Tebe više nema,
vječnost mi te uze,
dok ja ovdje patim
i prol'jevam suze.

Ohne dich

Leid, Weh und Wehmut
sind Begleiter mein,
seitdem ich darbe
ohn' die Liebe dein.

Du bist nicht mehr da,
ruhst in Ewigkeit,
während ich hienied'n
strauchle durch die Zeit.

Bez sna

Crna tišina noć para,
mojom dušom nesan hara.

Bol praznine opet ćutim,
za ljubavlju tvojom ludim.

Duboka je bol u meni
dok me čežnja vuče tebi,

dok od čežnje srce mrije,
a oko mi suzu krije,

pa se pitam što sve vr'jedi,
kad bez tebe krv se ledi,

kad prolazim bol i suze,
jer te vječnost meni uze.

Schlaflos

Dunkle Stille zerreißt die Nacht,
bin schon wieder vom Schlaf erwacht.

Alles um mich ist öd und leer,
nach deiner Lieb' ich sehn' mich sehr.

Zu tief ist noch der Schmerz in mir,
und die Sehnsucht zieht mich zu dir,

denn das Herze stirbt vor Sehnen,
meine Augen füllt mit Tränen.

Ich frag' mich, was alles noch wert,
wenn sich die Welt ohne dich dreht.

Und wundes Herz es blutet schwer,
denn du bist fort, kommst nimmermehr.

Noćas

Noćas mi se, dušo, snilo
da se čudo dogodilo,
da si opet moja bila,
ljubavlju me obavila.

No kad sam se probudio,
u postelji sam sam bio,
plahte hladne, teb' ni traga,
dok zu tobom žuđah, draga.

Heute Nacht

Mir träumte heut' Nacht
in deinen Armen ich wär' erwacht,
mit deiner Liebe, der warmen,
du würdest mich umarmen.

Als ich jedoch wurde wach,
schrie ich laut Weh und Ach,
denn im Bett ich lag allein
und voller Sehnsucht obendrein.

Bol čežnje

Purpurno sunce za obzor pada,
uz majku Zemlju prianja,
u večernju rumen sv'jet uranja
da blažen mir svud okolo vlada.

I dok Helios kapke sklapa,
večernji sumrak svud se zavlači,
zvjezdano ruho nebo navlači,
sav sv'jet u mjesečinu utapa.

I gle, svuda harmonija vlada,
samo mene silna čežnja guši
koju nosim duboko u duši.

Žudeć tebe umirem od jada,
svu svoju bol u pjesmu pretačem,
rime slažem i u čežnji plačem.

Schmerz der Sehnsucht

Rote Sonne sinkt mählich hernieder,
in der Erde Arme sich leise schmiegt,
alles ringsumher ins Abendrot wiegt,
auf dass selige Ruh' waltet wieder.

Und währ'nd Helios seine Lider schließt
und die blaue Stunde bricht herein,
schlüpft der Himmel ins Sternen-Kleid rein,
in den Schoß der Erde sein Silber gießt.

Wo ich auch hinseh', nichts als Harmonie,
doch mich plagt der Sehnsucht arger Schmerz,
der zernagt mir und Seele und Herz.

Dürstend nach dir, ich schweb' in Agonie,
all meinen Kummer in Gedicht verwandle,
webe Reime und in Sehnsucht wandle.

Izgubljena sreća

Pramaljeće uokolo vlada,
nježni lahor krošnjama leprša,
dok divotom luta moja duša,
tebe želi, tebe žuđa, draga.

Sunce blista u svom punom sjaju.
Majka-Zemlja opet cvate bujno,
ruže gore kao nebo rujno,
šireć miris po zelenom gaju.

Ovdje gdje se zaklinjasmo mi,
i na vjernost i na ljubav vječnu,
ćutim ništa doli sjetu kletu,

jer sve ono što se ovdje rodi
u men' budi izgubljenu sreću,
koju naći nikad više ne ću.

Verlorenes Glück

Es wandelt der Lenz umher,
laue Lüfte säuseln sacht,
ich zieh' durch die bunte Pracht,
sehn' mich wieder nach dir sehr.

In dem warmen Sonnenschein
Mutter-Natur üppig blüht,
feuerrot die Rose glüht,
duftend ziert den stillen Hain

Hier, wo einst wir uns schworen,
große Liebe, ew'ge Treue,
spür' ich Wehmut aufs Neue.

Denn, was einst hier geboren,
weckt in mir verlor'nes Glück;
Zeit, die nie mehr kehrt zurück.

Nebo šuti

U smiraj dana Helios tone,
tiho, tiho u more uranja,
dok prve zv'jede poput dragulja
na horizontu već sjaju, gore.

I dok se sv'jeće nebeske pale,
i svaka od njih čarobno sjaje,
mene tuga peći ne prestaje,
sve ure sv'jeta za me su stale.

Tužan, sjetan u svojoj samoći,
ja zvjezdano nebo osluškujem;
u želji da nešto o njoj čujem.

No nebo šuti i ove noći,
o njoj mi opet ništa ne zbori,
dok od čežnje sve u meni gori.

Der Himmel schweigt

Der Abend naht, die Sonne geht unter,
am Horizont leise im Meer versinkt,
der erste Stern am Himmelzelt blinkt,
wie strahlend Juwel funkelt herunter.

Und während der Nachthimmel erwacht
und die Stern' erstrahlen in voller Pracht,
der Kummer in mir er gewinnt an Macht;
alle Uhren der Welt hält an heut' Nacht.

Von tiefer Trauer und Wehmut erfüllt,
ich horch' wieder in den Himmel hinein,
um was zu erfahr'n von der Liebsten mein.

Doch der Himmel in Schweigen sich hüllt,
heute Nacht mir auch von ihr nichts erzählt,
währ'nd alles in mir nach ihr sich verzehrt.

Maštarije

Kasna je ura, san na oči ne će,
čežnju za tobom pretačem u r'ječi,
sklopljenih očiju maštam o tebi,
k'o nekoć te žudno ljubim u sebi.

I dok mi se misli po glavi roje,
k'o molitvu šapućem ime tvoje,
za tobom žeđam, maštam o nama,
tvoje lice vidim i nestaje tama.

Tvoj osmijeh dragi i pogled sneni
najviše blaženstvo bude u meni.
blaženstvo što nije od ovog sv'jeta,
u kojem prolaznost vazda cvjeta,

gdje počesto vlada osjećaja stud
i život mnogih se vrti u krug.

Tagträume

Es ist späte Nacht und ich wach' allein,
mit geschloss'nen Augen träume von dir,
in Worte verwandle die Sehnsucht mein,
wie einstmals dich sehnlich küsse in mir.

Und während Gedanken erwach'n in mir,
ich flüst're deinen Namen wie'n Gebet,
mir träumt von uns, ich sehne mich nach dir,
dein Antlitz seh' und das Dunkel vergeht.

Deine Blicke und Lächeln unverstellt
die höchste Seligkeit wecken in mir,
'ne Seligkeit, die nicht von dieser Welt,
in der dominiert Vergänglichkeit schier,

in der oft herrschen Gefühle aus Eis,
und so manch ein Leben sich dreht im Kreis.

Tiha sjeta

Tiha sjeta k'o sjena me prati,
duša gine od tuge i boli,
srce gori, još te ludo voli,
još za tobom umire i pati.

Smrt te uze i više te nema,
dok te jošte sanjam svake noći,
vazda mislim da ćeš opet doći,
da ne živim tek od uspomena.

I dok vene tužno srce moje,
ništa više kao prije nije,
zima mi je i kad sunce grije.

Crne misli u meni se roje,
ostaše mi tek besane noći,
bol i sjeta u mojoj samoći.

Stille Wehmut

Stille Wehmut erneut mich umweht,
lässt mich fühlen meiner Seele Schmerz,
der still und leise beschleicht mein Herz,
das vor Sehnsucht in Trauer vergeht.

Denn der Tod er nahm dich fort von mir,
nur in Träume mein schleichst dich hinein,
während ich mir wünschte, du wär'st hier,
und nicht manchmal nur im Geiste mein.

Und so mählich welk' ich hier allein,
denn nichts ist mehr, wie es einmal war,
in der Sonne warm mich friert's sogar.

Dunkle Gedanken trüben mein Sein,
alles, was blieb, sind Wehmut und Leid,
schlaflos Nächte und die Einsamkeit.

Zauber der Mutter Natur

Čarolija Majke Prirode

Oda proljeću

Dobro došlo, proljeće milo,
drago mi je da si opet stiglo.

Blagi lahor donilo si lasno,
po tebi mi sve miriše krasno.

Dražesno sunce smiješke toči,
dan zu danom dobiva na moći.

Čarolija tvoja svuda blista;
za srce i dušu radost čista.

Biljke rastu, sjemenke klijaju,
izdanci novi svuda izbijaju.

Narcis, jaglac i zumbuli plavi
divno cvatu u zelenoj travi,

Poj ptičica posvuda se čuje,
krajolikom opet odjekuje,

dok mi srce u stakatu gudi,
a ti moje uzburkavaš grudi.

Ode an den Frühling

O sei willkommen, du Frühling schön,
ich freu' mich so, dich wiederzuseh'n.

Lauwarme Lüfte du hast uns gebracht
und es duftet alles nach deiner Pracht.

An dem Himmel blau holde Sonne lacht,
ja Tag für Tag sie steigert ihre Macht.

Frühlingszauber rings in Wald und Flur,
für die Seele mein Wonn' und Freud' pur.

Aus der Erde junge Triebe schießen,
Pflanzen wachsen und die Samen sprießen.

Narzissen, Primeln sowie Tausendschön
rings in allen Farb'n sie blüh'n wunderschön.

Weit und breit die Vögelein singen,
in Wald und Flur immerzu erklingen,

während Herze mein im Stakkato schlägt,
das von deiner Pracht ist so tief bewegt.

Proljeće je

Proljeće je u svom punom sjaju,
zelene se i šume i trave,
iz njih vire ljubičice plave;
cvjetajući digle male glave.

Sunce nježno grije srce moje,
blagi lahor pirka kroz doline,
ševa kruži, leti u visine,
na sunašcu svoju pjesan poje.

Leptirići plešu kao ludi,
opet lete od cv'jeta do cv'jeta,
dok mi duša od radosti cvjeta.

Kud god glednem, nov se život budi,
svud se širi miris dobro znani;
proljeće je - u šum' i poljani.

Es ist Frühling

Es ist Frühling in all seiner Pracht,
Wald und Wiese steh'n im grünen Flor,
aus ihnen lugen die Veilchen hervor;
blühend heben die Köpfchen empor.

Holde Sonne wärmt das Herze mein,
milde Lüfte rings im Tale weh'n,
Lerche kreist, schwingt sich in die Höh'n,
ihr Lied trillert in dem Sonnenschein.

Schmetterlinge tanzen unentwegt,
flattern leise von Blüte zu Blüte,
froh beseelen Geist und Gemüte.

Wo man hinschaut, das Leben sich regt,
Lenzesdüfte atmet die Natur;
der Frühling ist da - in Wald und Flur.

Bonaca

Sa jedne strme i kršne obale,
moje su oči na more gledale.

Sunce je žarilo, nebo bješe vedro,
a more glatko i sjajno k'o srebro.

Šume i planine, što Gaja porodi,
ods'jevaše svuda u njegovoj vodi.

Taj prizor iz snova pogled mi zarobi,
dok udisah žudno miris mora, soli.

Blažen mir i spokoj u oazi mora
remećaše tiho tek cvrčak iz bora.

Stille am Meer

Von einem steilen Ufer aus
ging mein Blick aufs Meer hinaus.

Die Sonne schien, der Tag war heiß,
das Meer glänzte so silberweiß.

Wälder und Berge rundherum,
sie sahen sich im Wasser drum.

So ein Anblick nahm mich gefangen,
alles roch nach Salz und Meeresalgen.

In jenem Frieden, in jener Stille
erklang leise nur das Lied der Grille.

Pokraj sinjeg mora

Sinje more svoju pjesan poje,
sitni vali l'jeno se valjkaju,
o obalu nježno udaraju,
ljubeć' blago uvale i ško'je.

I dok ležim na plaži pješčanoj,
a more nježno st'jenje miluje
i sunce ljetnog dana caruje,
iz bora dopire tek cvrčka poj.

U divoti, što me okružuje,
štropot vesla katkada se čuje,
što lagunom sjetno odjekuje.

Lahor blagi lice mi miluje,
opušta se svaka moja pora
u tišini pokraj sinjeg mora.

Am blauen Meer

Es säuselt das Meer seine Weise sacht,
leichte Wellen rollen träge an Land,
leise klatschen an den felsigen Strand,
liebkosend die Bucht und die Inselpracht.

Indessen ich liege am Gestade
und das Meer die Felsen sanft umspült,
in der Sonne, die überall regiert,
tönt herüber das Lied der Zikade.

In all der Herrlichkeit um mich herum,
Rudergeräusche zuweilen knarren,
in kleiner Bucht wehmütig erschallen.

Und während leichte Brise mich liebkost,
ich lausch' der Stille des Sommers umher,
lass' baumeln die Seele am blauen Meer.

XXX

Jesen,
žutocrveno lišće
vonja pro trulosti,
plijesan, rđa, tiho umiranje;
prolaznost.

X X X

Herbst,
gelbrotes Laub
riecht nach Moder,
Schimmel, Rost, stilles Sterben;
Vergänglichkeit.

Jesen

Jesen gasi zadnje boje svoje,
s neba pada uvelo lišće,
u sivilu, što mi dušu stišće,
sjetne misli u meni se roje.

Vjetar stabla do kost' ogoljeva,
urla, cvili, kao mora bjesni,
ispred sebe mrtvo lišće goni,
dol i goru sivilom zaod'jeva.

Nebo tmurno, oblacima teško,
slabašno sunce ustrajno krije,
zadnje svjetlo iz njeg kanda pije.

Olovni veo nada mnom lebdi;
svuda, svuda umiranje vlada,
dok list zu listom sa stabla pada.

Der Herbst

Sieh, es rostet der Herbst vor sich hin,
vom Himmel fallen welke Blätter,
trüb Gedanken bei trübem Wetter,
sie wuseln ständig durch meinen Sinn.

Die Stürme fegen die Bäume kahl,
ringsum wüten wie tobendes Meer,
abgefall'nes Laub jag'n vor sich her,
grau Schleier legen auf Berg und Tal.

Am Himmel düster und wolkenschwer
harrt die Sonne hinter Wolken aus,
aus finsterem Grau kommt nicht heraus.

Bleierne Schwere sie schwebt umher;
nichts als Sterben unterm Himmelszelt,
während Blatt um Blatt vom Baume fällt.

Zwischen zwei Welten

Između dva svijeta

Ahasver[1]

Tamo na jugu uz more plavo,
tamo stajaše kol'jevka moja,
tamo učinih korake prve,
tamo je stara Domaja moja.

Tamo bješe ishodište moje,
mog života jedini zavičaj,
sve dok mi ne postade suđeno
da napustim taj izgubljeni raj.

Pod tuđim nebom tako se skrasih,
nove kor'jene pustih i ostadoh;
zemlja nova, daleka i strana
zavičaj novi i dom mi postade.

No dva života ja sada živim,
jer kor'jene stare vazada pamtim,
dok dvije zemlje u srcu nosim;
za svakom jednako žudim, patim.

I dok između svjetova hodam
i sjeta često u meni žari,
uv'jek iznova meni se čini
da sam po svemu Ahasver stari.

---

1 Ahasver, ime za „Vječnog žida", lika iz srednjovjekovne
legende, kažnjenog da do sudnjeg dana luta svijetom.

Ahasver[2]

Dort im Süden, am blauen Meer,
wo einmal meine Wiege stand,
dort wurde ich einst geboren,
dort ist mein altes Heimatland.

Dort ist mein wahrer Ursprung,
nur dort war einst mein Zuhaus',
bis das Schicksal mich verschlug
in die fremde Heimat hinaus.

Und so mählich schlug ich Wurzeln
in einem neuen fremden Land,
wo ich eine zweite Heimat
und ein neues Zuhause fand.

Doch zwei Leben ich lebe nun,
mit beiden Wurzeln stets im Sinn;
alte Heimat, neue Heimat …
mich zieht es immer nach beid'n hin.

Gefangen zwischen diesen Welten,
ich wandle mit Wehmut hin und her
und immer wieder mir komme vor,
als wär' ich der alte Ahasver.

---

2 Ahasver, Name des Ewigen Juden, der zu ewiger Wanderung
verurteilt wurde; Legende s. dem 6. Jh. bekannt.

Stari zavičaj

Dalmacijo, rodni kraju stari,
evo opet nostalgija peče,
zov iskona venama mi teče,
dan za danom u duši rovari.

Tamo južno, gdje vinoloza cvate,
gdje plavi Jadran žale oplakuje,
gdje u škrtoj zemlji smokva caruje,
tamo k tebi misli mi se klate.

Iako ti b'jelim svijetom hodim
i zavičaj tuđi meni posta dom,
svi kor'jeni moji u krilu su tvom.

Od zemlje do zemlje sad zato hrlim,
balansiram između dva svijeta,
stari kraju, moja molitvo sveta.

Alte Heimat

Dalmatien, du alte Heimat mein,
ich habe mal wieder Heimweh nach dir,
unstillbare Sehnsucht sie nagt an mir,
zieht mich zu dir ins Gefilde dein.

Dahin, dahin, wo die Reben blüh'n,
wo blaue Adria umspült den Strand,
wo die Feigen wachsen im kargen Land,
hin zu dir meine Gedanken zieh'n.

Auch wenn ich wandle in der Welt herum,
wo ich ein neues Zuhause fand,
vergess' ich nie, wo meine Wiege stand.

Drum wandre ich ewig von Land zu Land,
zwischen zwei Welten balanciere stet,
du alte Heimat, mein heilig Gebet.

Am Anfang war das Wort

U početku bijaše Riječ

Odakle dolazi svijet?

U početku bijaše Ništa,
apsolutno Ništa,
iz kojeg u Velikom prasku
nastade materija,
koja zapravo
nije smjela nastati,
ako je vječni zakon prirode
da se materija i antimaterija
pri sudaru međusobno poništavaju,
ništa do zračenje ne ostavljaju.

Bilo kako bilo,
prostor, vrijeme i materija
nastadoše iz nule i ničega,
iz Ništa nastade Sve,
posljedica – svemir
rođen bez uzroka;
nije li to misterij,
tajna duboka?

Ili je kozmos oduvijek tu
i ne bijaše nikakva početka,
pa nešto
što je vječno prisutno
ne mora nastati,
no, tko to
može shvatiti?

Woher kommt die Welt?

Am Anfang war das Nichts,
das absolute Nichts,
aus dem im Urknall
die Materie entstand, die eigentlich
hätte nicht entstehen dürfen,
wenn es ein ewiges Gesetz der Natur ist,
dass sich Materie und Antimaterie
in einer Explosion aufheben,
sich vernichten,
nichts als Strahlung
anrichten.

Wie auch immer:
Raum, Zeit und Materie
kamen aus null und nichts,
etwas aus dem Nichts,
Wirkung - Kosmos
ohne Ursache;
geheimnisvolle Sache!

Oder war der Kosmos
schon immer da,
und es gab keinen Anfang,
denn was da ist
muss nicht entsteh'n,
doch wer kann das versteh'n?

Ili bi se Big Bang
kao akt stvaranja
trebao pripisati Bogu,
pa u početku
ne bijaše kaos
nego Logos?

Jer:
„U početku bijaše Riječ,
i Riječ bijaše kod Boga,
i Riječ bijaše Bog.
Ona u početku bijaše kod Boga.
Sve postade po njoj
i bez nje ne postade ništa."[1]

---

1   Usp. Prva Pavlova Poslanica 13.12

Oder ist der Big Bang
als Moment der Schöpfung,
als Schöpfungsakt
Gott zuzuschreiben,
und am Anfang
war kein Chaos,
sondern Logos?

Denn:
„Am Anfang war das Wort,
und das Wort war bei Gott.
Dies war am Anfang bei Gott.
Alle Dinge kommen durch das Wort
ins Dasein, und ohne das Wort
kam nichts ins Dasein."[1]

---

1   Vgl. Erster Brief Paulus an die Korinther, 13. Kapitel, Vers 12

Svijet

Ah, svijet je takav
kakav jeste bome,
on je pun magije,
ljubavi i zlobe.

On je bina svačija,
na kojoj svatko igra
i ponekad dobitnik
il' gubitnik biva.

Die Welt

Ach, die Welt ist so,
wie sie nun mal ist,
sie steckt voll Magie,
Liebe, Hass und List.

Sie ist eine Bühne,
und du nichts als Spieler,
mal bist du Gewinner
und mal nur Verlierer.

Vrijeme

Vrijeme je bešćutno
ono manito leti,
ono je mlin što melje
i ne prestaje mljeti.

Što ne učini smrtnik
toga se vrijeme lati,
ono ga izjeda, mori,
dok ga u prah ne vrati.

Zato ničeg ljepšeg nema
od vremena bez vremena,
od sreće kad vr'jeme stane
i moment vječnost postane.

Die Zeit

Die Zeit ist ohne Erbarmen,
wie im Fluge schnell vergeht,
sie ist mahlende Mühle,
die nie und nimmer still steht.

Was der Sterbliche nicht tut,
tut die Zeit Tag und Nacht,
sie nagt an ihm gnadenlos,
bis sie ihn zu Asche macht.

Drum gibt es nichts Schöneres,
als die Zeit ohne die Zeit,
als Momente höchsten Glücks,
die werden zur Ewigkeit.

Gost na Zemlji

Da l' je svemir rođen
il' je postojao,
otkud, kuda, zašto?
Ti bi rado znao.

No što bozi znaju,
ti znati ne možeš,
ti si gost na zemlji;
dođeš, vidiš, odeš.

Gast hienieden

Ist der Kosmos so geboren
oder war er immer präsent,
woher, wohin und warum?
Du wüsstest gerne justament.

Doch was Göttern vorbehalten,
groß Geheimnis bleibt stet,
du bist nur ein Gast hienied'n,
der mal kommt, sieht und geht.

Bog

Ne traži Boga, On je u tebi,
i ti Ga vazda nosiš u sebi.

Bog je u tebi, u svima nama,
u srca naših odajama.

On je Ljubav, pravedan u svemu,
istinu nać' mo'š samo u Njemu.

Gott

Such' nicht nach Gott, Er ist in dir,
du trägst Ihn auch immer in dir.

Gott steckt in dir, in uns allen,
in des Herzens eig'nen Kammern.

Gott ist Liebe, Sein Tun ist absolut,
allein in Ihm die Wahrheit ruht.

XXX

Snaga
I oslonac
U svako doba
Pa sve do groba
Ljubav.

XXX

Ona
Je sidro
Što stabilnost daje
I uglavnom zadnja nestaje
Nada

XXX

Čvrst
U vjeri
Ti moraš biti,
Pa ćeš kušnji odoliti.
Hrabrost

XXX

Stärke
Und Halt
Zu jeder Zeit,
Bis in alle Ewigkeit.
Liebe

XXX

Sie
Ist Anker,
Der Halt gibt,
Und zumeist zuletzt stirbt.
Hoffnung

XXX

Fest
Im Glauben
Musst du steh'n,
Um Versuchung zu widerstehen.
Mut

Sreća

Život je kratak,
sreća još kraća,
kad ju izgubiš
r'jetko se vraća.

I ako ikad
u život dođe,
k'o grom iz vedra
neba nadođe.

Glück

Kurz ist das Leben,
noch kürzer das Glück,
das nur zu selten
kommt wieder zurück.

Und wenn es mal kommt
in unser Leben,
kommt es so plötzlich
wie Donner, Beben.

Ljetna noć

Gle, ljetna noć
na žal se spušta
svoje sjene
po njemu baca
mir i spokoj
po zemlji toči,
dok u nebo
ronim oči,
gdje zvijezde već
nebo krase
a srebrna Luna
nebom šeće,
svojom se vlastitom
putanjom kreće.

I opet se neba,
ne mogu nagledati,
pa uživam evo
u varljivom sjaju,
mada znam
da se opet
u daleku
prošlost vraćam,
da se osvrćem
na događaj mio
što se davno, davno
prije zbio.

Sommernacht

Sieh' die Sommernacht
bricht mählich herein,
ihre Schatten
übers Gestade legt,
mit Frieden und Ruh'
bedeckt die Welt,
während ich schau'
zum Himmel empor,
wo schon die Sterne
in der Ferne funkeln,
und silberne Luna
am Himmelzelt
ihre Runden
mal wieder dreht.

An dem Himmel,
dem sternbesäten,
ich kann mich wieder
nicht satt seh'n
und genieße
mit Haut und Haar'
all die Pracht wunderbar,
wohl wissend,
dass sie längst versiegt,
Myriaden
von Lichtjahren
zurückliegt.

I, doista,
vječnost je satkana
od trenutaka,
samo mijena je vječna,
sudbina svijeta leži
u Božjim rukama,
u rukama
tajanstvenih sila,
crnih rupa, tamne energije,
tamne materije,
subatomskih čestica
poput neutrina, protona,
elektrona, neutrona … ,
no ja sam samo
običan smrtnik,
što razmišlja o životu
i svojoj svrsi u njemu,
smrtnik što je prah bio
i što će se u prah vratiti,
i želim samo
da se nebo
zvijezdama ospe
i duša da se vine
u astralne visine,
sa svime na tren
da se stopi;
sa sobom i svijetom
u jednoti, u jednoti…

Und fürwahr,
die Ewigkeit ist
aus Augenblicken gewebt,
allein der Wandel
ist beständig,
Schicksal der Welt liegt
in Gottes Hand,
in den Händen
geheimnisvoller Mächte,
der schwarzen Löcher,
der schwarzen Energie,
der schwarzen Materie,
der subatomaren Teilchen
wie Neutrinos, Protonen,
Elektronen, Neutronen … ,
ich aber bin nur
ein gewöhnlicher Sterblicher,
der über Sinn und Zweck
des Seins sinniert,
der Sternenstaub war
und zu Staub wird
und wünsch' mir bloß,
dass Myriaden von Sternen
den Himmel übersäen,
und dass die Seele steigt
zu dem Himmel empor
im Eins-Sein mit allem
wie noch niemals zuvor.

Sudbina

Ne okusih ploda
sa „stabla spoznaje",
pa ipak mi crvlja
sudbina ostaje.

Schicksal

Vom „Baum der Erkenntnis"
keine Früchte ich aß;
dennoch muss ich enden,
als Staub und Würmerfraß.

Riječi

Riječi uzdižu,
riječi ponižavaju,
riječi spajaju.
riječi razdvajaju.
Riječi mogu ratove spriječiti,
bol i patnju zaliječiti,
riječi mogu prozori biti,
ali i zidovi kameniti.

Riječi mogu rane iscijeliti,
vrata otvoriti i oprostiti,
riječi mogu duboko ganuti,
čula oduzeti i obmanuti.

Riječi mogu poruka biti,
utješiti i povrijediti,
riječi mogu poput bodeža biti,
ravno u srce pogoditi.

Postoje riječi ljubavi,
postoje riječi mržnje,
postoje riječi nade,
postoje riječi očaja,
postoje one nepotrebne
i one koje usrećuju,
one što ljekovitu moć imaju
pa čak i one koje ubijaju.

Worte

Worte können glorifizieren,
Worte können degradieren,
Worte können integrieren,
Worte können separieren.
Worte können Kriege verhindern,
Not und Leid auf Erden mildern,
Worte können Fenster sein
oder Mauern aus Stein.

Worte können Wunden heilen,
Türen öffnen und verzeihen,
Worte können tief berühren,
Sinne rauben und verführen.

Worte können Zeichen setzen,
einen trösten und verletzen,
Worte können wie Dolche sein,
wie Pfeile treffen ins Herz hinein.

Es gibt Worte der Liebe,
es gibt Worte des Hasses,
es gibt Worte der Hoffnung,
es gibt Worte der Verzweiflung.
Es gibt Worte, die Glück bewirken,
und in einem Wunder wirken,
es gibt Worte, die nicht vonnöten,
und gar jene, die können töten.

Ah, riječi mogu
dvosjckli mač biti;
mogu tješiti,
sokoliti, liječiti,
ali i duboko
povrijediti
pa čak
i uništiti,
riječi ulaze
u dušu i tijelo,
prožimaju
naše biće cijelo.

Ach, Worte können
zweischneidig sein;
sie können trösten,
heilen, aufrichten,
aber auch
tief verletzen
und sogar
vernichten,
denn Worte geh'n
durch Mark und Bein,
bis in tiefste Tiefe
der Seele hinein.

Sinovi ljudski

Anđeli nebeski Boga slavljahu,
djela Njegova kličući hvaljahu,
sve dok jedan, „ta prestan'te", ne reče,
„dolje na Zemlji vrag kaos zameće.

Gle, sinovi ljudski ratove vode
svud siju mržnju i čine grozote!"
I tu se Bog umiješa r'ječima:
„Da, biće-čovjek grozne mane ima.

Ogromne brige on mi vazda stvara,
jer Dobru i Zlu jednako podleć zna,
iako ga stvorih ja na sliku svoju,
da na umu ima vazda ljubav moju,

da ko kruna svega, svega stvorenoga
poput moga Sina voli bližnjeg svoga.
No sad čvrsto sumnjam da je mudro bilo,
kada stvorih biće, kom' je gr'ješit' milo."

Menschenkinder

Es lobte den Herrn die himmlische Schar,
seine Werke pries jubelnd immerdar,
bis einer laut schrie: "O hört auf bloß,
unten auf Erden ist der Teufel los.

Die Menschenkinder, sie führen Kriege,
begeh'n Gräuel, säen Hass und Lüge!"
Da mischt' sich plötzlich der Ewige ein:
"Ja das Wesen Mensch kann so grausam sein.

Drum macht er mir Sorgen über alle Maßen,
denn Gut und Böse tun kann er gleichermaßen.
Doch, ich schuf ihn einst mir zum Ebenbilde,
dass er ewig führt nur die Liebe im Schilde,

auf dass er ewig, als der Schöpfung Kron',
seinen Nächsten liebt wie mein liebster Sohn.
Doch ich zweifle daran, dass es weise war,
als ich etwas schuf, das frevelt immerdar.!"

Novembarska melankolija

Olovni oblaci nebom se vuku,
ptice su zamukle, muk svuda vlada,
u sivilu sjevera osluškujem
kako list zu listom na zemlju pada.

Kroz šuštajuće lišće šareno
u izbu svoju samotan koračam,
uv'jek iznova umujem, mudrujem,
o svrsi i smislu bitka razglabam.

I mudrujuć' tako na tren zastajem,
dok um iznova nastoji da shvati,
da život nije ništa do mijena,
što nas od rođenja do smrti prati.

Novembermelancholie

Finst're Wolken zieh'n am Himmel,
verstummt sind der Vöglein Lieder,
im Grau des Nordens horche ich
wie Blatt um Blatt rauscht hernieder.

Durch das bunte, raschelnde Laub
stapfe ich nach Hause allein,
und immer wieder frage mich
nach dem Sinn und Zweck von Sein.

Für 'nen Moment ich halt' inne,
versuche wieder zu versteh'n,
dass das Leben nur ein Wand'l ist,
ein ewig Werden und Vergeh'n.

Krajnje vrijeme

Majka-Zemlja u znoju se kupa,
učinak je staklenika muči,
dok resurse njene rasipamo,
i čak Arktik sve topliji biva.

I jer Gaja agoniju trpi,
diljem svijeta bjesne uragani,
raste nivo rijeka, oceana;
danak koji čovjek klimi plaća.

I opet mase pred bujicom bježe,
val vodeni sve pred sobom nosi,
dok svak želi spasit' život goli.

O krajnje vr'jeme da se obrat desi,
da se dugmad klime ostave na miru,
ako čovjek želi izvuć' glavu živu.

Höchste Zeit

Kranke Mutter-Erde aus allen Poren schwitzt,
Treibstoffgase in ihre Luft wir blasen,
ihre Wälder abholzen, mit Ressourcen aasen,
während immer schneller die Arktis sich erhitzt.

Und weil Gaia in der Agonie liegt,
toben weltweit Unwetter und Orkane,
steigen die Pegel der Flüsse, Ozeane,
Krone der Schöpfung nun die Quittung kriegt.

Und wieder die Massen vor Flutwelle flieh'n,
ihr Hab und Gut in brauner Brühe treibt;
nacktes Leben ist alles, was einem bleibt.

O höchste Zeit, die Kehrtwendung zu vollzieh'n,
an der Klimaschraube nicht herumzudreh'n,
um nicht an dem Klima zugrunde zu geh'n.

U rijeci života

Bačen u rijeku života
strujama se njenim dajem,
svaki dan s njima tečem
i pod ovim nebom trajem.

I tako kroz vrijeme hodim
u neprekidnom dolje-gore,
slijedeć vazda rijeke tok
sve do ušća u vječno more.

Im Strom des Lebens

Geworfen in des Lebens Strom
ich geb' mich seiner Strömung hin,
tagtäglich treib' mit ihr dahin
hienieden unterm Himmelsdom.

Und so wandle ich durch die Zeit,
im ständigen Runter und Rauf,
folgend des Stromes regem Lauf
bis hin ins Meer der Ewigkeit.

Čovjek

Samo u njemu pečati ljubavi leže,
jedino on je čudna stvaranja kruna,
u cijelom svemiru, bez sumnje truna,
samo je čovjek sv'jestan samoga sebe.

No, on zna da mu Thanatos prijeti
da je ljudski život krhak i prolazan,
u dolini suza tek kratkotrajan san
gdje sve što živi mora i umrijeti.

Zato kruna svega, svega stvorenoga,
istom se mišlju od pamtivijeka bavi;
iz uza smrti kako da se izbavi.

U ovom ubrzanom hightech-vremenu
ljudska vrsta u genom-groznici bdije,
no života tajnu još otkrila nije.

Der Mensch

Nur der Mensch hat Liebe in der Brust,
nur er allein ist der Schöpfung Krone,
in den kosmischen Weiten zweifelsohne
ist allein er sich seiner selbst bewusst.

Doch er weiß auch, dass ihm Ende droht,
dass er verdammt ist, einmal zu sterben,
dass ein kurzer Traum auf dieser Erden
zur Neige geht und endet mit dem Tod.

Drum ist der Mensch seit Urzeiten bereit
immer wieder, darüber zu sinnen,
wie man könnt' dem Sensenmann entrinnen.

In dieser beschleunigten Hightech-Zeit
die Spezies Mensch im Genom-Rausch döst,
hat des Lebens Rätsel noch lang' nicht gelöst.

Genetska revolucija

U 21. stoljeću
sve će bolje funkcionirati,
jer će istraživači gena
naš svijet revolucionirati.

Genetski modificirana hrana
glad će u svijetu okončati,
dok će genska terapija
čovječanstvo ozdraviti.

Mnoge ekipe istraživača
već dugo životinje kloniraju,
za sve što rade odavno
prestžne nagrade dobivaju.

Čak i uzgoj ljudskih organa
polako dalje napreduje;
horor-miš s ljudskim uhom
u medijima to dokazuje.

Tako će donacija organa
jednom zauvijek proći,
jer će ih osoba svaka
iz retorte dobit moći.

Gen-Revolution

Im 21. Jahrhundert
wird alles besser funktionieren,
wenn die Genforscher
unsre Welt revolutionieren.

Genmanipulierte Nahrung
wird den Welthunger besiegen
und Gentherapie die Menschheit
in Gesundheit wiegen.

Zahlreiche Forscher-Teams
wurden mit Preisen belohnt,
denn viele Pflanzen und Tiere
sie haben längst geklont.

Menschliche Organe züchten
das ist auch schon möglich,
die "Horrormaus" mit Menschenohr
sah man in den Medien täglich.

Der Mangel an Spenderorganen
wird bald beseitigt für alle Zeit,
wenn Ohren und Co. aus Retorte
für alle erhältlich jederzeit.

A kad se etičke norme
srozaju na najniže grane,
svak će od vlastita klona
dobivat rezervne organe.

Biološki sat zaustaviti
ili ga čak unatrag vratiti;
sve bi se to moglo
u ovom stoljeću ostvariti.

Čak i „čovjek po mjeri"
mog'o bi postati stvarnost,
ako plan ljudskog kloniranja
jednom postane realnost.

Genima koje je neznatno
promijenila evolucija,
sad ciljano manipulira
genetska revolucija.

Kruna stvaranja igra se Boga,
a da Njegovu mudrost nema,
uzvišena nad svakom dvojbom
stvaranje samog sebe sprema.

Und wenn geschaff'ne Fakten
die Ethik stürzen vom Thron,
Ersatzteile sie kommen dann
aus Labor - vom eigenen Klon.

Selbst die Altersuhr zu stoppen,
oder womöglich sie umzukehren,
werden die Gen- und Bioforscher
in naher Zukunft uns bescheren.

Selbst "der Mensch nach Maß"
ist längst keine Utopie mehr,
seit Pläne zum Menschen-Klon
in Schatten stellen alles bisher.

Über Jahrmillionen hinweg
fast unverändert durch Evolution
werden die Gene gezielt verändert
durch gentechnische Revolution.

Krone der Schöpfung spielt selber Gott,
ohne Gottes Weisheit zu haben,
will sich aufs Neu' selbst erschaffen
über alle Zweifel erhaben.

Sizif

K'o Sizif prokleti
svoj usud ja trpim,
pozitivnu snagu
tek iz nade crpim.

Tako tu i tamo
padam i ustajem,
kroz život se guram,
al' se ne predajem.

XXX

Izvor
Svega živoga
Stvoritelj svih stvari
Ljubav, istina i pravednost
Bog

Sisyphus

Bin der Sisyphus
und trage mein Los,
schöpfe meine Kraft
aus der Hoffnung bloß.

Und so falle ich
und steh' wieder auf,
schlag' mich durchs Leben,
gebe niemals auf.

XXX

Urquell
Allen Seins
Erschaffer aller Dinge
Liebe, Wahrheit und Gerechtigkeit
Gott

Vječno gore-dolje

Ljubav je radost, ljubav je vaj,
samo je ona duhovni raj.

Nebo, pak'o, sreća ili spas,
prate, prate, u životu nas.

Od kolijevke pa do groba;
gore-dolje kroz životno doba.

Ewiges Auf und Ab

Liebe ist Freud', Liebe ist Leid,
nur die Liebe gibt Seligkeit.

Himmel, Hölle oder Segen
uns geleiten durch das Leben.

Hin und her, auf und ab;
von der Wiege bis ins Grab.

Naš usud zemaljski

Poput lista što na vjetru vije
ništa ovdje za sve v'jeke nije.

Lubav, patnja k'o i druge zgode
dan za danom kroz život nas vode.

Što danas cvate, sutra uvene
i šaka crne zemlje postane.

Život, smrt i prolaznost nemila
naš su usud i naša sudbina.

Smisao neki u svemu ovom
vidim samo - u početku novom!

Unser irdisches Los

Vergänglich wie ein Blatt im Wind
eines Tages wir alle sind.

Liebe, Leid, Trauer, Tränen...
uns geleiten durch das Leben.

Was heute blüht, welkt morgen ab
und endet dann im kalten Grab.

Leben, Tod und Abschiednehmen
sind unser Los auf der Erden.

Ich frage mich, wo da der Sinn,
und sag' mir dann: im Neubeginn!

Kap u moru

Kap sam vode u beskrajnom moru,
jedna šifra ljudskoga genoma,
nakupina gena i atoma
što prožima svaku moju poru.

Utkan u svijet da živim i mrijem
kroz vrijeme i prostor hodim,
svojem moru vječnosti brodim
dok se u njeg' kao kap ne slijem.

Tamo, tamo, ka jednoti svega,
rijeka života i mene nosi,
nikad ne znajuć' što mi donosi.

No što god mi prst sudbine sprema,
život teče, zub vremena glođe,
sve što cvate uvene i prođe.

Ein Tropfen im Meer

Bin ein Tropfen im endlosen Meer,
des Genoms Chiffre in meinen Venen,
die Ansammlung von Atomen, Genen,
die mich prägen und bestimmen sehr.

Geworfen in die vergängliche Welt,
ich wandle rastlos durch Raum und Zeit,
hin zur Mündung ins Meer der Ewigkeit,
immer vorwärts, bis der Vorhang fällt.

Dahin, dahin, zum Eins-Sein mit allem,
vom Strom des Lebens werd' ich getragen,
was da mir blüht, kann mir keiner sagen.

Was auch immer noch da kommen mag,
dem Zahn der Zeit kann niemand entgeh'n;
was heute blüht, kann schon morg'n vergeh'n.

Samo ljubav

Ništa na svijetu vječno nije,
sve što živi kratko opstane,
čovjek se rodi, traje, mrije
i šaka crne zemlje postane.

Zub vremena dere i nagriza,
jedino je m'jena ovdje stalna,
da sv'jet ovaj što nas okružuje
od iskona nikad ne miruje.

Samo ljubav smis'o svemu daje,
ona bješe i ostade snaga,
koja ljude jedini i spaja.

Zato ljubi, dadni smis'o žiću
i oćuti kako ljubav jača,
tebi natrag višestruko vraća!

Nur die Liebe

Nichts ist ewig auf dieser Welt,
wir werd'n gebor'n und welken ab,
eines Tages scheiden dahin
und enden dann im kalten Grab.

An allem nagt der Zahn der Zeit,
allein der Wandel er bleibt stet,
auf dass für immer und ewig
die Welt sich immer weiter dreht.

Nur die Liebe gibt allem Sinn,
sie ist und bleibt die stärkste Kraft,
die die Mensch'n eint und selig macht.

Drum gib dem Leben einen Sinn,
lebe Liebe und spür' das Glück,
das immer kommt vielfach zurück!

Ante Čulina - Gune

Bilješka o autoru

Ante Gune Čulina rođen je 1949. u Pridragi kod Zadra. *Gune* mu je nadimak i njegovo umjetničko ime. Osnovnu školu pohađao je u rodnom mjestu, a srednju u Kraljevici nedaleko Rijeke. 1969. g. odlazi preko hrvatske tvrtke na rad u inozemstvo - u sjevernonjemački grad Lübeck. Otad živi i stvara u tom gradu nedaleko Baltičkog mora. Sad se nalazi u mirovini. Zadnje zanimanje koje je tamo obavljao - Elektroničar za mjernu-, upravljačku- i regulacijsku tehniku (automatiku).

A.G.Čulina se još od svoje trinaeste godina samozatajno bavi pisanjem poezije. On piše na hrvatskom i njemačkom jeziku, a osim toga se bavi i prevođenjem poezije s njemačkog na hrvatski i obrnuto. Njegove se pjesme bave različitim motivima lirskog pjesništva ili lirike pa su po tematici ljubavne, intimne, domoljubne, pejzažne, misaone odnosno refleksivne.

Druge zbirke poezije objavljene u Njemačkoj:
Spuren des Lebens, Hamburg, 2015;
Poetski kolopleti, Berlin, 2016;
Lux et Umbra, Berlin, 2018;
Zwischen Tag und Traum, Hamburg, 2018;
50 Sonette – 50 Soneta, Berlin, 2019.

Osim toga pjesme su mu uvrštene i u 6 antologija njemačke lirike, pa čak i u dva almanaha suvremenog njemačkog pjesništva u Frankfurtu.

Notizen über den Autor

Ante Gune Čulina wurde 1949 in Pridraga bei Zadar (Kroatien) geboren. *Gune* ist sein Kose- und Künstlervorname. 1969 verschlug es ihn beruflich in die norddeutsche Stadt Lübeck nahe der Ostsee, wo er vor dem Ruhestand dort und anderswo in verschiedenen Arbeitsbereichen tätig war - zuletzt als Elektromechaniker und Elektroniker für Mess-, Steuerungs- und Regelungstechnik (MSR).

Bereits mit 13 Jahren schrieb er sein erstes Gedicht. Er verfasst Gedichte zu unterschiedlichsten Themenbereichen des Lebens, in Deutsch und Kroatisch – seiner Muttersprache. In ihnen kommen verschiedene Gefühlserlebnisse, wie z.B. Liebe, Glück, Leben, Tod, Gott und die Welt zum Ausdruck. Nebenbei übersetzt er auch lyrische Texte aus dem Deutschen ins Kroatischen und umgekehrt.

Andere in Deutschland publizierte Lyrikbände:
Spuren des Lebens, Hamburg, 2015;
Poetski kolopleti, Berlin, 2016;
Lux et Umbra, Berlin, 2018;
Zwischen Tag und Traum, Hamburg, 2018;
50 Sonette – 50 Soneta, Berlin, 2019.

Mit seinen lyrischen Beiträgen bereicherte er auch Zeitungen, Zeitschriften, 6 Buchanthologien und 2 Almanache in deutscher Sprache.

Verzeichnis

Kurze Übersicht … 5

Blitze der Liebe … 7

Frühlingsnacht … 11

Mit allen Sinnen … 13

Kein Zurück … 15

Aus Liebe gewebt … 17

Durchs Meer der Träume … 19

Der Kuss … 21

Auf den ersten Blick … 23

Im Lenzgeruch … 25

Du … 27

Du bist die Sehnsucht … 29

Es ist Nacht … 31

Ihre Küsse … 39

Am einsamen Strand … 41

Deine Blicke … 43

Sehnsucht … 45

Frühling an der Ostsee … 47

In deiner Umarmung … 55

Ob ich wache oder. Träume … 57

Wie Himmel und Stern … 59

Unsere Liebe … 61

An die Liebste … 63

Meine Liebe … 65

Liebespfeile … 67

Seele meiner Seele … 69

Sehnsuchtsvolle Augenblicke … 71

Nimm mich … 73

Zärtlich, zärtlich … 77

Nur einmal noch … 79

Zwei Sterne … 81

Nachtgedanken … 83

Weit und breit … 85

Ihre Augen 87
Wie niemals zuvor 89
Venus 91
Im Strudel der Leidenschaft 93
Rückschau 95
Dein Schatten 99
Das alte Lied 101
Ohne dich 103
Schlaflos 105
Heute Nacht 107
Schmerz der Sehnsucht 109
Verlorenes Glück 111
Der Himmel schweigt 113
Tagträume 115
Stille Wehmut 117

Zauber der Mutter Natur 119
Ode an den Frühling 123
Es ist Frühling 125
Stille am Meer 127
Am blauen Meer 129
XXX 131
Der Herbst 133

Zwischen zwei Welten 135
Ahasver 137
Alte Heimat 139

Am Anfang war das Wort 141
Woher kommt die Welt 145
Die Welt 149
Die Zeit 151
Gast hienieden 153
Gott 155
XXX, XXX, XXX 157
Glück 159
Sommernacht 161

Schicksal 165
Worte 167
Menschenkinder 171
Novembermelancholie 173
Höchste Zeit 175
Im Strom des Lebens 177
Der Mensch 179
Gen - Revolution 181
Sisyphus 185
Ewiges Auf und Ab 187
Unser irdisches Los 189
Tropfen im Meer 191
Nur die Liebe 193
Über den Autor 196

Kazalo

Kratki pregled 5

Bljeskovi ljubavi 7

Proljetna noć 10

Svim čulima 12

Nema povratka 14

Satkana od ljubavi 16

Morem snova 18

Poljubac 20

Na prvi pogled 22

U mirisu proljeća 24

Ti 26

Ti si čežnja 28

Noć je 30

Poljupci njeni 38

Na usamljenu žalu 40

Tvoj pogledi 42

Čežnja 44

Proljeće na Baltičkom moru 46

U zagrljaju tvom 54

U snovima i na javi 56

Kao zvijezda i nebo 58

Naša ljubav 60

Najdražoj 62

Moja ljubav 64

Strijele ljubavi 66

Duša duše moje 68

Čeznutljivi trenuci 70

Povedi me 72

Nježno, nježno 76

Samo jednom još 78

Dvije zvijezde 80

Noćne misli 82

Nadaleko i naširoko 84

Oči njene 86
Kao nikad prije 88
Venera 90
U vrtlogu strasti 92
Retrospekcija 94
Tvoja sjena 98
Stara pjesma 100
Bez tebe 102
Bez sna 104
Noćas 106
Bol čežnje 108
Izgubljena sreća 110
Nebo šuti 112
Maštarije 114
Tiha sjeta 116
Čarolija Majke Prirode **119**
Oda Proljeću 122
Proljeće je 124
Bonaca 126
Pokraj sinjeg mora 128
XXX 130
Jesen 132
Između dva svijeta **135**
Ahasver 136
Stari zavičaj 138
U početku bijaše riječ **141**
Odakle dolazi svijet 144
Svijet 148
Vrijeme 150
Gost na zemlji 152
Bog 154
XXX, XXX, XXX 156
Sreća 158
Ljetna noć 160

Sudbina 164
Riječi 166
Sinovi ljudski 170
Novembarska melankolija 172
Krajnje vrijeme 174
U rijeci života 176
Čovjek 178
Genetska revolucija 180
Sizif, XXX 184
Vječno gore-dolje 186
Naš usud zemaljski 188
Kap u moru 190
Samo ljubav 192
Bilješka o autoru 195

Zeitfracht Medien GmbH
Ferdinand-Jühlke-Straße 7
99095 Erfurt, Deutschland
produktsicherheit@kolibri360.de